AF349775

DISCOURS

Sur la Question relative à la liberté des Nègres;

Prononcé à l'Assemblée générale du district des Filles-Saint-Thomas, le février, par M. Magol, citoyen, et ex-président de ce district.

Ire. PARTIE.

Au milieu de cette foule d'évènemens qui tiennent tous les esprits en fermentation, est-il quelque objet sur lequel le moindre citoyen puisse être indifférent? Non, Messieurs, sur-tout quand la destinée de l'empire en dépend.

Une grande question s'agite depuis long-temps, c'est celle de la liberté des Nègres. Séduit, comme tout le monde, par ce que cette question présente d'intéressant aux yeux de la philosophie et de l'humanité, et à dé-

A

faut de l'avoir envisagée sous ses rapports politiques, j'ai voté dans le fond de l'ame pour la
liberté des Noirs. Mais à ce que cette idée
avoit pour moi de touchant et de sublime,
ont bientôt succédé la terreur et l'effroi,
lorsque j'ai pu m'éclairer sur les conséquences funestes et désastreuses de cette liberté,
et sur-tout sur l'atrocité et les vues profondes
de ceux qui les premiers l'ont soumise à la
discussion de l'Europe

Arrêtons-nous un moment. Avant d'entrer
en matière, je crois devoir vous rappeler ici
les causes éloignées et prochaines de la révolution. Cette digression, qui semblerait
étrangère à mon sujet, va m'y ramener na-
turellement.

Tout, depuis long-tems, préparait cette
révolution. Des esprits profonds et faits pour
tirer des conséquences justes du calcul des
probabilités, l'avoient prévue. Une guerre
honteuse, suivie d'une paix ignominieuse,
nous avoit fait perdre dans la balance de l'Europe, cette consistance imposante que notre
position géographique, nos productions,
notre industrie, nos arts, notre commerce,
nos manufactures, et sur-tout notre caractère et notre valeur, nous assignent. Une fin
de règne où nous avions vu se développer

avec impudence tous les genres de dépra-
vation et de corruption, la perte de nos
mœurs, le relâchement de tous les liens, la
cupidité, l'égoïsme, tout conduisoit l'État à
sa dissolution. Il ne manquoit plus pour la
consommer, que la monstrueuse dilapidation
de la cour et des ministres : des emprunts
ouverts sans mesure pour soutenir la guerre
la plus impolitique, et qui préparoient iné-
vitablement l'impôt, nous avoient réduits à
l'état de détresse le plus déplorable. Tout étoit
perdu, sans la résistance courageuse des par-
lemens. Mais cette résistance, qui les eût
couverts de gloire, si elle n'eût eu que des
motifs purs et désintéressés, n'étoit que le
masque dont se couvroit leur ambition se-
crète, et le prétexte dont ils avoient l'art de
couvrir leurs vues profondes. Ils ont deman-
dé des états-généraux, avec la certitude de
ne pas les obtenir. La cour et le ministère
les leur ont promis, avec l'envie de ne pas
les accorder. Il a fallu cependant les convo-
quer. Je ne vous rappellerai pas toutes les
secousses qui ont précédé la tenue de ces
états à jamais mémorables, tout ce qu'on
a employé de ruses et de mauvaise foi pour
les rendre nuls ou pour les dissoudre. La
révolution étoit devenue inévitable : mais

pourrions-nous nous abuser assez pour croire au désintéressement de ceux qui l'ont provoquée? Il semble que la Providence se soit fait une tâche de déjouer cette foule de manœuvres ténébreuses qui n'avoient d'autre but que de satisfaire une haine secrette, et l'ambition particulière d'une troupe de scélérats qui se couvroient du masque de l'amour du bien public, et qui n'étoient que les agens obscurs de la politique profonde d'une nation qui avoit à satisfaire sa vengeance et des ressentimens personnels.

Maîtres de donner l'impulsion, mais non de la diriger ou de l'arrêter à leur gré, une force supérieure les a entraînés eux-mêmes, et les a contraints de se laisser aller au torrent; ils ont feint d'applaudir à des résultats qui déconcertoient leurs mesures, sans perdre néanmoins l'espoir de mieux calculer leurs nouvelles opérations, et d'en déterminer les effets vers leur but pernicieux et coupable.

La confiance et le courage d'un monarque, dignes objets de notre amour et de notre vénération, par ses vertus, ses mœurs, son goût pour l'économie et sa bonté, qui font tout notre salut, ont senti qu'il ne cesseroit d'être qu'en avec la nation, et que ses véritables intérêts l'unissoient intimement avec elle. Sa confiance n'a pas été trompée, et ne le sera jamais. Enfin, lui reprocheroit-on de la foiblesse; elle est une vertu chez lui, puisqu'elle est l'effet de sa bonté, tandis qu'elle est presque toujours un vice chez le reste des hommes, parce qu'elle est cruelle, et toujours prête à devenir l'instrument de la méchanceté de ceux qui la dirigent au gré de leurs passions.

Trompés de nouveau dans leurs sinistres calculs, ceux qui s'étoient flattés de forcer le meilleur des rois à fuir ses sujets, ses enfans, et d'allumer à la faveur de cet abandon tous les flambeaux de la guerre civile, ces perfides ennemis du bien public s'étoient ménagé depuis long-temps une ressource puissante pour opérer la ruine de l'empire ; mais nous, habitans de cette immense capitale, nous qui, sans concert, sans chef, sans nous être en quelque sorte communiqué les sentimens qui animoient tous les véritables citoyens ; nous qui, sans nous en douter, avons su déterminer la révolution vers un but tout différent que celui où tendoient les vues coupables et désastreuses de nos ennemis secrets ; souffrirons-nous qu'ils consomment leurs odieux projets ? pourrons-nous nous résoudre à devenir leurs complices, par un

coupable silence ? Non, MESSIEURS ; je crois
trop bien connoître l'esprit de mes concitoyens, pour craindre qu'ils ne partagent pas
tous à l'envi le zèle et le courage qui m'a-
nime. Vous n'ignorez pas à quel point on a
voulu calomnier la capitale dans l'esprit des
provinces. Montrons-leur que nous n'avons
jamais séparé nos intérêts des leurs ; que nous
sommes intimement unis de cœur et d'esprit
avec elles; que tout ce qui tient à leur prospérité, à leur bonheur, est l'objet constant de notre
sollicitude et de notre vigilance, et que s'il
existe au milieu de nous une coalition dan-
gereuse et perfide, nous nous faisons un devoir sacré de la dénoncer et de la poursuivre.

Vous savez, MESSIEURS, avec quelle pro-
fusion nous sommes inondés chaque jour
d'une foule d'ouvrages, fruits de la licence
et de l'anarchie, et dont les coupables au-
teurs ne méritent que le mépris et la haine
publique. Excédés de l'abondance de ces vi-
les productions qu'enfante la noirceur ou la
cupidité de quelques malheureux faméliques,
les citoyens honnêtes dédaignent cet insipide
fatras d'écrits imposteurs ou incendiaires,
qu'un même jour voit naitre et mourir ; mais
il en est dans le nombre que l'on doit distin-
guer, et qui méritent toute l'attention des

(7)

citoyens enflammés de l'amour de la chose publique.

Tel est celui qui m'est tombé dans les mains il y a quelque temps, et qui a pour titre : *De l'état des Nègres relativement à la prospérité des colonies et de la métropole ;* discours aux représentans de la nation.

Séduit, comme je vous l'ai déja dit, par l'apparence d'humanité que présente le projet de rendre la liberté à cette foule de malheureux Africains que depuis deux siècles on arrache du sein de leur famille et de leur patrie pour les condamner aux plus pénibles travaux sous un climat dévorant, je n'avois écouté que mon cœur en me livrant à ce que la philosophie peut arguer de captieux et d'imposant , pour déterminer l'Europe à briser les fers de ces infortunés; mais avec quelle douleur et quelle consternation je me suis vu forcé d'imposer silence à mon cœur et à ma raison, lorsque j'ai vu se développer à mes yeux le système d'horreur que présente cet insidieux projet! A Dieu ne plaise, cependant, que j'oublie ce que, comme hommes, et sur-tout comme françois, nous devons à ces infortunés qui sont des hommes ainsi que nous, et qui, à ce titre, méritent notre justice et notre huma-

nité! Oui, nous devons desirer l'adoucisse-
ment de leur sort; nous devons solliciter
leurs maitres de s'empresser d'ôter eux-mêmes
tout prétexte aux argumens captieux dont
les amis des Noirs ont abusé, de favoriser
pa même les unions légitimes de ces hommes susceptibles de passions vives, et pour
qui le plus doux, le plus impérieux des
sentimens peut être une consolation puissante
au sein de leur servitude. Je dis plus : ces
unions peuvent être le seul moyen de réparer
les pertes que font annuellement les colonies, de suppléer à l'épuisement de l'Afrique,
et de se passer enfin de la Traite des Nègres, à laquelle on sera peut-être forcé de
renoncer un jour.

Je vous demande grace pour cette digression, et je reviens à mon sujet.

Les ouvrages utiles et d'une certaine éten-
due, ne trouvent que peu de lecteurs. Il est
une classe de citoyens, que le genre de leurs
travaux et de leurs occupations, éloignent
nécessairement de la connoissance de ces
productions intéressantes.

S'il en est une qui mérite d'être connue et
accueillie par tous les citoyens, c'est celle-
ci. J'ose le dire. Vous ne tarderez pas à en
juger par vous-mêmes, Messieurs, et à

vous convaincre que si jamais ouvrage fut
digne de votre attention , c'est celui-ci, puis-
que c'est à sa publicité que tient peut-être
le salut de la France et de l'Europe entière.

C'est à ces titres, MESSIEURS, que je ré-
clame votre indulgence et même votre pa-
tience : quelque longue que soit la lecture
que j'ai à vous faire, elle présente un tel
intérêt que j'ose y compter.

J'aurois pu m'approprier les idées de l'au-
teur, que je ne fais que transcrire; mais j'aurois tort de lui dérober la gloire qu'il mérite à juste titre. J'en obtiendrai sans doute
assez, si, parvenant à réveiller tous les esprits sur une cause d'une importance aussi
grande, j'amène mes concitoyens à pronon-
cer fortement leur vœu sur cet objet.

Vous savez, MESSIEURS, qu'il existe dans
cette ville une société, connue sous le nom
des amis des Noirs ; qu'ils plaident depuis
long-temps pour la liberté de ceux qui sont
esclaves dans nos colonies, et qu'ils ont paré
leur cause de tout ce que la philosophie,
la morale et l'humanité ont de plus spé-
cieux et de plus intéressant. Vous allez voir,
MESSIEURS, quels sont les motifs secrets qui
dirigent cette secte pernicieuse.

J'ai voulu, d'abord, ne vous présenter

qu'un extrait du discours que je vais vous lire ; mais tout ce qu'il contient est tellement utile à connoître, que je me serais fait un crime d'en rien retrancher.

DISCOURS

Sur la Question relative à la liberté des Nègres;

Prononcé en l'Assemblée générale du district des Filles-Saint-Thomas, le février, par M. Magol, citoyen, et ex-président de ce district.

IIe. PARTIE.

Vous venez de voir, MESSIEURS, par quelle infernale politique les États-unis, pour s'enrichir de la dévastation de l'Europe, et l'Angleterre, pour assouvir sa vengeance et sa haine long-temps dissimulée, semblent avoir, de concert, favorisé et propagé la secte odieuse et perfide des Nigrophiles. Vous devez vous rappeller que pendant la dernière guerre, un ministre Anglois, acharné à la perte de la France, a osé renouveler en plein parlement cet anathême du sénat de Rome contre les Cartaginois; *Delenda est Carthago,* il faut anéantir Carthage, et que l'on demande un jour : Où fut donc cette ville fameuse?

Non, Messieurs, nous ne devons pas nous abuser sur cette haine mortelle que nous ont vouée nos implacables et éternels rivaux; elle les rend capables de tout pour nous perdre à jamais : c'est dans tous les points du monde, qu'elle cherche à nous tendre des pièges. On nous vante avec emphase l'abolition de la Traite des Noirs au Bengale, par les ordres du lord Cornwalis; mais, a-t-on oublié que ce général Anglois, acculé à Yorck-Town par les armées combinées de France et des États-unis, a venger l'affront particulier d'avoir été forcé de faire mettre bas les armes à toute son armée? Savez-vous à quoi se borne la Traite des Nègres au Bengale? à environ 60 à 80 Caffres qu'y conduisent les Portugais dans le cours d'une année. Et ces politiques perfides, croient nous en imposer par cet acte apparent d'humanité, tandis qu'ils ne rougissent pas de réduire eux-mêmes à l'esclavage les malheureux habitans du Bengale, dont ils achetent les enfans pour une ou deux roupies; tandis qu'ils ont laissé impunie l'infâme cupidité du lord Clives, de ce monstre qui, en 1763, provoqua lui-même une famine dont plus de trois millions d'Indiens furent les victimes? Et ce sont là les ennemis dont les principes vous en imposent, dont les flagorneries vous séduisent! A Dieu ne plaise que je vous propose de leur rendre perfidie pour perfidie, haine pour haine. Non, MESSIEURS, montrons-leur que rien ne peut altérer le caractère généreux des François. Ne cherchons pas à les détruire eux-mêmes; mais mettons nous en mesure de ne jamais les craindre, et de rendre leur rage impuissante.

La société des amis des Noirs paroit vouloir se réduire à demander l'abolition de la Traite. Nous laisserons-nous encore abuser par ce nouveau subterfuge; tandis qu'il est notoire que les Anglois ont offert eux-mêmes aux Espagnols de faire la Traite pour leur compte? tandis qu'il est également notoire, que quand ils consentiroient à l'abolition de la Traite, ils auroient peu de chose à perdre, attendu que leurs possessions dans les Antilles sont abondamment pourvues de Noirs; que leur sol est épuisé, et qu'elles ne sont plus susceptibles d'augmentation; parce qu'enfin si les productions de leurs îles réunies mettent pour environ quatre-vingt millions dans la circulation, les colonies Françoises y en versent plus de deux cent quarante; tandis enfin qu'il est de la plus grande évidence que si les Anglois perdoient leurs possession dans les Antilles, il auroient encore une grande prépondérance et un avantage infini dans la balance du commerce, par celui qu'ils font dans l'Inde, qui est infiniment supérieur à celui qu'y fait la France.

L'abolition de la Traite et de l'esclavage, entraîneroit la ruine absolue du commerce. Nos manufactures, notre agriculture seroient anéanties : plus de cinq millions d'hommes qu'occupe le commerce des mers, seroient réduits à la plus affreuse misère. Nos villes maritimes et nos ports deviendroient déserts; notre marine marchande, et par conséquent la marine royale seroient également anéanties; et la capitale elle-même ne seroit pas la dernière à ressentir l'influence désastreuse de cet anéantissement. Quel est d'après ce tableau, qui n'est encore qu'ébauché, le François qui, sans devenir indigne du titre de citoyen, oseroit nous proposer d'imiter l'exemple insidieux de l'Angleterre, quand elle auroit réellement décrété l'abolition de la Traite et de l'esclavage des Noirs?

Il est important, au surplus, d'observer que

la partie de St. Domingue occupée par les Colons françois, est bien loin d'être au point de
prospérité dont elle est susceptible. Le sol de
la partie de cette île dont les Espagnols sont
les maîtres, (grace à leur paresse) est encore
vierge ; l'île entière est l'objet de la convoi-
tise des Anglais. Croyez-vous que si la France
avoit l'impéritie, je dis plus, la barbarie de
décréter la liberté des Nègres, cette foule de
Colons qui verroient leur ruine et leur mort
dans ce funeste décret, pût hésiter à se jeter
dans les bras des Anglois ? Il en est déja que
le désespoir a failli précipiter dans cette dé-
marche imprudente, et qu'un reste d'amour
pour la patrie, et de confiance en sa sagesse
a retenus : mais qui pourroit les blâmer de
prendre le seul parti capable de prévenir leur
ruine absolue, et même leur destruction per-
sonnelle, si la liberté des Noirs étoit décrétée?

Il est bon de ne pas vous laisser ignorer que
près de mille à douze cents Colons viennent
annuellement à Paris, ou dans le reste de la
France, consommer chacun depuis quarante
jusqu'à cent, et même deux cent mille livres;
que cela forme près de cent millions, dont
Paris, dont la France elle-même seroit à jamais privée, et dont nos rivaux s'enrichiroient
encore.

Qu'ont produit jusqu'à présent les sophismes des prétendus amis des Noirs? aucun bien, et un mal incalculable. L'insurrection de la Martinique est leur ouvrage; c'est par la voie de l'Angleterre, que le président de cette société a été le premier informé de cette insurrection. On l'a prévenue à S. Domingue par des mesures sages et douces; mais les principes meurtriers de cette société ne tarderoient pas à produire un effet fâcheux pour les Nègres, dont les Colons se sont fait jusqu'à présent un devoir d'adoucir le sort.

Vous jugerez, Messieurs, de l'activité des manœuvres employées par la secte Négrophile pour soulever les esclaves dans nos colonies, et les porter au massacre universel de leurs maîtres: on y a fait parvenir tout récemment une pacotille de faïance blanche, sur le fond de laquelle est représenté un Nègre enchaîné, avec ces mots écrit en rond : *Je suis homme et libre comme les blancs.*

Nombre de prosélytes de la secte des amis des Noirs, commencent à rougir de leur erreur; et, honteux d'avoir pu s'en laisser imposer, se sont éloignés de ses assemblées. Mais son infatigable *apôtre*, jaloux de mériter le salaire qu'il ne rougit pas de recevoir de nos éternels ennemis, vient de faire un dernier effort

effort pour rallier ses partisans. Il faut rompre toutes ses mesures, opposer une force irrésistible à l'exécution de ces projets désastreux.

Tel est l'objet de la motion que j'ose ici vous proposer.

Je demande que, sans désemparer, il soit pris un arrêté portant :

1. Que le discours, que je viens d'avoir l'honneur de vous lire, et dont voici 6e exemplaires, sera communiqué sur-le-champ aux 6, autres députés, avec invitation à chacun de le faire lire dans une assemblée extraordinaire, convoquée à cet effet pour demain, s'il est possible

2. Que les députés soient invités à former un comité central, composé de deux députés de chaque district, à l'effet de prendre une délibération ultérieure, ayant pour objet d'envoyer à l'Assemblée nationale une députation générale des districts, pour lui exposer que la capitale, croit devoir prendre sur elle de défendre l'intérêt des habitants, des provinces unies, et même de toutes les autres provinces du royaume, de qui les intérêts sont [illegible] à l'Assemblée nationale [illegible] de la liberté [illegible]

universel, de vouloir bien terminer l'incerti
tude et les justes allarmes des Colons et de
provinces maritimes, en rejetant, par un dé
cret formel, toute pétition et discussion re
lative à l'abolition de l'esclavage des Nègres
et de la Traite, sauf à décréter, dans sa sa
gesse, tout ce qui pourra servir à réformer
les vices du régime administratif des îles
et procurer aux Noirs tous les adoucissemens
qui peuvent leur faire supporter leur servi
tude.